なんか楽しいノンデュアリティ

悩んでいた〝私〟は、ずっといなかった

ゆいか 著

ナチュラルスピリット

なんか楽しいノンデュアリティ

悩んでいた〝私〟は、ずっといなかった

はじめに

もし今悩んでいることが一瞬で消えてしまったら……。

もし私たちはずっと大丈夫な場所にいながら、ただそれに気づいていないだけだとしたら……。

もし自分だと思っている自分が、本当はいなかったとしたら……。

私はある時、電車の中で〝私〟という存在がすっかりいなくなってしまう体験をしました。

それは、世界がまるで違って見える至福体験でした。

このような体験はスピリチュアルや悟りの世界では、一瞥体験などと呼ばれていますが、当時何も知らなかった私は、この体験でもうすっかり人生が楽になった……というわけではありませんでした。

むしろその後の数年は、次から次に問題が起こり、現実は大変なことに。

ところが再び、今度はとても自然な何気ない日常の中で、この世界のこと、私たちという存在のこと、生きること、死ぬこと、この生命についての謎が次々と解け始めたのです。

そこから、何かが変わりました。

変わらず現実にはいろいろなことが起こり、喜怒哀楽どんな感情も湧きますが、明らかに生きることが楽になったのです。

そしてこの二度目の出来事で、私たち人間が悩みや問題を抱えたり、生きづらさを感じる理由が見えてきました。

これは、悟り、目覚め、気づき、ノンデュアリティ、ワンネスなど、様々な言葉で語られてきたことかもしれません。

でも、決して特殊なことでも、難しい知識を理解するようなことでもなく、今、ほんのちょっとしたきっかけでフッと腑に落ちてしまうようなことだったのです。

そこに気づいたとき、なんだ……とまるで手品の種明かしをされたみたいに笑ってしまったり、ホッとしたり、こんなにもここは愛に溢れていたんだと感動してしまうかもしれません。

今はわからなくても、少しずつ何かが腑に落ち、みなさんの気づきのきっかけになれるように、私の体験を交えつつ、お話ししていきたいと思います。

ゆいか

目次

なんか楽しいノンデュアリティ
悩んでいた"私"は、ずっといなかった

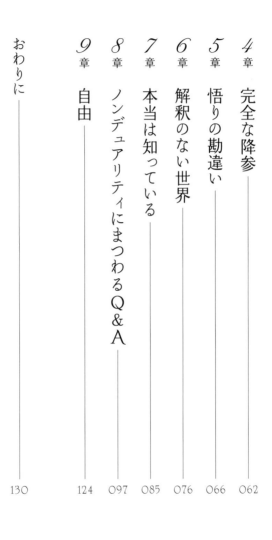

1章 私の物語

私は、教育熱心な母親と自由な父親、二つ下の妹の四人家族として神奈川県で育ちました。友達にも恵まれ、明るく元気で、親の期待に応えようとする頑張り屋さんといった子供時代でした。

私が小学生の頃の母は、熱心に勉強をさせるいわゆる教育ママと言われるようなタイプだったので、中学受験のために私は、夜遅くまで勉強をさせられたり、塾に通ったりしていました。

子供ながらに「もっと友達と遊びたいなぁ」「勉強しないで早く寝たいなぁ」と思うことはありましたが、親を喜ばせたいという気持ちの方が強かったので、特に嫌がることもなく勉強を頑張っていた記憶があります。

今では、勉強をさせてもらえてよかったと感謝していますが、この頃の親の価値観や育てられ方が、大人になってからの私の生きづらさの原因だと思ったこともありました。

そんな母も当時を振り返って、「あんなに勉強させないで、家族で仲良く過ごす時間をもっと作ればよかった……」と話していますが、母も同じように親の期待に応えるために頑張って生きてきたことが今は分かります。

その後、受験を終えた私は、それなりに悩むこともありましたが、基本的には楽しく充実した学生生活を送りました。

こうして、「結果は頑張れば手に入る。だから努力しなければいけない」といった信念は、十代の頃にはしっかりとできあがっていたように思います。

高校卒業前後から家庭内では様々なトラブルが起こり始めていましたが、私は長く続いた校則や勉強から解放されたいという思いが強かったこともあり、あまり家には帰らず、自由に過ごせる大学生活に夢中になっていました。

大学卒業が近くなると、まわりの友人は一斉に就職活動を始めましたが、私は子供の頃からミュージカルや演劇などが好きで芸能界への憧れがあり、その気持ちを飽きらめきれずにいました。

髪を黒く染め、リクルートスーツを買ったものの、夢を諦めたまま会社に就職するということにどうしても違和感を感じてしまい、結局就職はせずに芸能界へ進むことに決めました。

そう決心したからといって、特に何か才能があったわけでもなく、年齢的にも当時はもう厳しいと言われていたこともあり、なかなか自分が考えていたようには進みませんでした。

それでも、頑張れば何とかなると思っていたので、あきらめずに履歴書を送っていると、私を売り出したいと言ってくれる芸能事務所に出会うことができました。

そこからは、少しずつ仕事ももらえるようになりました。

ところが、いざ始めてみると、芸能界は私が想像していた以上に競争が激しく、才能も魅力もあふれる人ばかり。劣等感を感じたり、悔しい思いや失敗もたくさんしました。それでも憧れていた世界に関われること、子供の頃からテレビで見ていた人たちと一緒に仕事ができることが嬉しくて、必死に頑張っていました。

徐々に仕事が増えてくると、ファンの人たちの応援にやりがいを感じるようになったり、スケジュールが埋まることで自分が必要とされているように思えて、自信もついていきました。

ただ同時に、「この状況がいつか終わってしまうのではないだろうか」といった不安も強くなっていたのです。

来月の仕事は入っているのか、スケジュールが埋まらなくなってしまうんじゃないかという恐れ、若い新人たちが次々と出てくる焦り、人との比較、人からの評価に振り回される日々……。

気持ちが落ち着くことがなくなっていました。

この頃の私は、憧れていた仕事をしているという自信と、それを失ってしまうのではないかという不安、そして理由のわからない漠然とした虚無感のようなものを強く感じていました。

いつも下りのエスカレーターを必死で駆け上がっているような感覚で、少しでも足を止めてしまったら、底なし沼へ落ちていってしまう……。そんな気持ちの中で生きていたのです。

悪夢ですね（笑）。

当時は「そのままの自分でいたら受け入れてもらえない、誰からも愛されない、だからいつも頑張らないといけない」そういった価値観があったように思います。

でも、これは芸能界にいたからそう思うようになったのではなく、昔から感じていたものでした。

これこそまさに、不安や恐れを抱える〝私〟という「個」の感覚そのものなのですが、この時は全く気がついていませんでした。

スピリチュアルという新たな頑張り

もともと中学と高校がカトリックの学校だったので、キリスト教の授業があり、宗教や〝目に見えない存在〟についての話は生活の中にありました。
でも当時の私は、そういったことに特別な関心もなく「自分にはあまり関係のないこと」という認識でした。

ところが芸能界での仕事に無我夢中だった二十代半ばに、母が引き寄せの法則やスピリチュアル系の本を読んでいたことから、私も少しずつそうしたジャンルに興味を持つようになり、精神世界、願望実現などの本を読むようになっていました。

仕事や、これからの自分の人生に対する不安が強かったので「これできっと仕事もうまくいって、悩みも消えるだろう」と希望が持てたのです。
不安定な当時の私の心の支えになっていきました。

ただ、本を読んでいるその時はいいのですが、日常に戻ればまた欠乏感や不安がやってきて、いつも心の中には、このままの自分ではいけないような、もっと何かしなければいけないようなモヤモヤとした落ち着かなさがありました。

そんな中、病気が見つかったのです。

思い悩む日々が続いていた上に、病気が見つかったことにショックを受けた私は、一度本当に自分の生き方を見直そうと仕事を辞めることにしました。

競争の激しい芸能界を辞めれば、悩みもなくなり、楽になると思ったのです。

実際に芸能界を辞めた後、気持ちはだいぶ楽になりました。人からの評価を気にしなくていいし、仕事が入るのかどうかも考えなくていいなんて最高だと思いました。

でも、今度は収入がなくなったことでお金の不安がやってきたのです。

生きるってなんて大変なんでしょう！

仕事をしていても、辞めても苦しいのは、自分に問題があるのだろうと思った私は、こうした不安や現状を解決するためにも、「もっと自分の思い込みを手放したり、もっと感情を癒したら現実は良くなるはず……」と、一生懸命自分と向き合っていきました。

こうしてスピリチュアルの探求を数年続けてきた頃でしょうか。突然「私はいない」という衝撃の話を聞いたのです。

完全に混乱しました。

それまで私は「自分の努力次第で現実は変えられる」という信念で生きてきたので、何事も頑張れば対処できるし、うまくいくと思っていました。

だからスピリチュアルの探求に対しても、勉強や仕事と同じように、何とか現状を良くしようと頑張っていたのです。

新しいスピリチュアルの情報があればそれを実践し、何か問題が起これば、瞑想したり、内観したり、思い込みを見つけて手放したり、すべてに感謝しようとしたり……。

そういったアプローチを何年も続けてきたところに、いきなり〝ノンデュアリティ〟という聞き慣れない言葉が耳に入ってきたのです。

しかも「私はいない」なんてまったく理解できない内容と共に。

〝自分らしく生きよう〟、〝自分の本音で生きよう〟などと世間では言われ始めている中で、〝私はいない〟というメッセージは正反対のように聞こえました。これまで一生懸命生きてきた自分を否定されたような気がして、悲しみといら立ちが混ざったような複雑な気持ちになりました。

今まで私が学んできたこと（スピリチュアルだけでなく、勉強も仕事でも何でも）は「あなたの人生がより良くなる」といった話がベースになっているので、その〝あなた〟がいないと言われてしまったら、何をどうしていいかわからなくなってしまったのです。

正直「聞かなければ良かった」と思いました。「聞いてはいけないことを聞いてしまったのかもしれない」という恐怖もありました。にもかかわらず、一体どういうことなのか気になって仕方がなかったのです。

電車の中で〝私〟が消えた

それ以来、このノンデュアリティと言われる話について、本やインターネットで少しずつ調べるようになっていました。

その日もたまたま見つけたブログを電車の中で読んでいました。そこに書かれていたことは、ノンデュアリティや悟りの話ではよく語られるメッセージですが、当時の私にとっては初めて目にするものでした。

「あなたは身体ではありません」
「あなたは思考でも、感情でも、感覚でもありません」
「自分だと思っているその全てを手放したあとに残るもの、それが本当のあなたです」

それを読んでびっくりした私は、実際にこの言葉に沿って〝本当の自分〟を探してみたくなったのです。

そこに書かれている言葉通りに、自分の身体、思考、感情、自分だと思っているものすべてを一つひとつ、これでもない、これでもない、と意識を向けていきました。

その瞬間……フッと胸の辺りから何かが消えてしまったのです。


本当に突然の出来事でした。

今まであった「私」がいなくなってしまったのです。

「私」が消え、空っぽなのに、不思議なことに一切の不足感もないのです。

何かが満ち満ちていました。


ただ、これは心が満たされるといったこととも違いました。

ぴったりと表現できる言葉が見つからないのですが、さっきまで普通に見ていたいつもの電車の中の光景が、今まで味わったことがないほど軽く、深刻さが微塵もなく、まるで初めて見るかのように生き生きとして見えました。

電車の中吊り広告を見ると、事件や日本の経済についてのネガティブな見出しが並んでいましたが、何を見ても個人的に捉える中心がないので、良い悪いといった反応がまったく出てこないのです。

でも無感情とは違い、すべてをワクワクした好奇心から見ているような……。これは本当に言葉にできません。

物事を捉える私がどこにもなく、人生ゲームの中で突然「自分」というピンがなくなり、ゲームのボードだけがあるようでした。

ただただ言葉にできないほどの軽さと、今まで体験したことのない心地良さがありました。

時間の感覚もなかったので、どれぐらいたっていたのかわかりませんが、ふと「これをキープしたい、どうしたらいつもここにいられるんだろう」そんな思考がわいた瞬間、鉄の塊のような重たい何かが胸の辺りにドンッと戻ってきました。

「あ、私が戻ってきた……」

瞬間的に戻ってきたこの重みが常に存在している（ような気がしている）〝私〟の重さだと理解しました。

生き生きとした光景は消え、いつもの「自分」が戻ったのです。

「あの軽くて心地良い世界を見えなくしているのは、この重み（私）なんだ！」

そう思った私は、その後何度もあの心地良い場所へ戻ろうとしましたが、できませんでした。

一瞥後の消えない苦しみ

この体験が〝一瞥〟や〝覚醒体験〟などと言われているものだと後になって知りましたが、当時の私にはそういった知識もなく、またこの体験で、もうすっかり悩みも消えて楽になったというわけではありませんでした。相変わらず戻ってきた〝私〟には苦しみがあり、むしろあの時の至福感と、毎日の重たい現実とのギャップに余計に苦しくなっていました。

もう一度「私がいない」あの素晴らしい場所へ戻りたくて、その後も探求は続いていましたが、この頃、妊娠中だった私は早産の危険があるということで入院することになってしまいました。

この時期はびっくりするぐらい何もかもうまくいかず、次から次へと起こるトラブルから「私はいない」「それを体験している人はいない」「この世界は幻想である」などと言われるノンデュアリティの話がとても冷たく思えて、聞くことがつらくなり、避けるようになっていました。

そして一か月半、安静に過ごした入院期間もむなしく、予定よりだいぶ早く生まれた娘はその日のうちに亡くなってしまいました。

今となっては、起こることには良い・悪い、幸・不幸などという二元はないと実感していますし、この経験からの気づきは大きく、明らかに人生の転機となったことは否定できません。それでも当時の私にとってはかなりつらい出来事で、立ち直るのに時間もかかりました。

〝生きること、死ぬこと、幸せ〟についてたくさん考えました。前世の行いが悪かったのだろうか、私の波動が良くなかったのか……。正直、そういった今まで私の気持ちを楽にしてくれていたスピリチュアルのメッセージさえ、自分を苦しめることになりました。
「頑張ればうまくいく」と思っていた私の観念は消え、頑張ってもどうしようもないことがあると実感した出来事でした。

この頃は、会う人みんなが私に気を遣ってくれることが、優しさだとはわかっていても逆につらくて、数ヶ月間引きこもり、ほとんど人にも会いませんでした。
ただ、このひとりで過ごす時間の中で「もう人と同じように頑張って生きなくてもいいんだ」という変な安心感があったことも事実です。
いつの間にか世間的な幸せのイメージに、自分を合わせようと頑張っていたことにも気がつきました。

それでもノンデュアリティや悟りの話に対しては、「こんなに苦しい私がいるのに、私がいないなんて言わないで欲しい！」という怒りのような気持ちが強くなり、この出来事から数年間は一切目にすることはなくなりました。

まさかその数年後、こうして本を書くことになるなんて……本当に驚きです。

いつの間にか消えていた〝私〟

引きこもっている期間はベッドから起き上がれず、一日中寝て過ごした日もありました。泣きたければひたすら泣き、感情のまま、抵抗せずにそのまま過ごしました。それしかできなかったのです。

そうして過ごしていくうちに、徐々に気力が湧き、少しずつ動けるようになっていきました。

夫、家族、友人の支えもあり、気持ち的にも元気になってきた私は、一年後には自分の実体験をもとに、もともと好きだったスピリチュアルや心が楽になる話をブログやYouTubeで発信できるほど活動的になっていました。

以前よりだいぶ精神的に楽になり、スピリチュアルについて話せる友達もできて楽しく過ごしていましたが、心が元気になると同時に再び、「何かしなければ……」という焦りも出てきていました。

そんな焦りから、新しい仕事を始めてはみるものの、精神的につらくなって辞める、ということを何度も繰り返してしまい、さすがに自分でも「これはおかしい」と思いながらも行動を止めることができなくなっていました。

ちょうどその頃でしょうか。

また新たに始めた仕事中に、ふと気づくことがありました。

そこには戦前使われていた家具やテレビが並べられている大きな展示室があるのですが、閉館時間になると、その展示室の電気を消しながら真っ暗な部屋を歩かなければなりません。

でも、その展示室の雰囲気がどうも私には怖かったのです。

ところが、仕事を教えてくれた女性が一緒にその展示室を歩いているときに、「暗いのダメですか？　私、暗いところが全然怖くなくて（笑）」と、笑いながら話してくれたのです。

ごく普通の会話でしたが、そのときに言葉にならない気づきがありました。

文章にしてしまうとなんてことのない話なのですが、「暗い」「怖い」というのは言葉（概念）であり、実際の体感や体験〝そのものではない〟ということなんですよね。

でも、私たちは育っていく中で「言葉」と「事実」との違いがわからなくなっていたのです。

つまり、言葉は実際に感じていることや体験していることの説明であって、事実そのものではないということ。どんな言葉を使っても、言葉が指している感情や感覚それ自体を、人と比べることも確認することも絶対にできないのです。

にもかかわらず、自分が体験したことや感じたことを誰かと比較したり、今ある感情に良い・悪いとジャッジしたり、そう思ってしまう自分をダメだと責めてきたことにハッとしました。

人との比較は全く無意味であること、思うこと・感じることを否定する必要なんてないこと、そもそも存在していることがすでに完璧で、奇跡のようなことじゃないだろうかと言葉にならない安心感がやってきた瞬間でした。

その数日後から徐々に、この世界についての謎が解き明かされていくような理解が起きてきました。

「〝私〟という個人がいるわけじゃない……」

曖昧さはありましたが、思考的な理解ではなく体感に近いもので、何年も前に封印していた一瞥体験への疑問が急に解けていくようでした。

ところが、そんな気づきが起きている中で、またハプニングが起きたのです。

ちょうどその頃に受けた病院の検査で再検査となってしまいました。

気づいたと思ったらまた病院です……。本当に次から次へと、いろいろ起こります。

結局、再検査の結果は問題なかったのですが、結果が出るまでの一か月間は過去の手術や入院した時の記憶がよみがえってきてしまい、怖くて怖くてたまらない日々を過ごしていました。

どんな感情も否定する必要がないとはいえ、ここ数年の悲しみや、怒りといった感情も溢れてきてしまい、精神的にヘトヘトになっていたのかもしれません。

「もういい……すべてを受け入れよう」と、張り詰めていた糸が切れたように力が抜けてしまいました。

「自分ではもうどうすることもできないから、何もかも委ねよう」

そんな気持ちになっていました。

完全に降参でした。

それからは何気ない日常も、家族との会話も、めんどくさいと思うことも、小さな喧嘩さえも、

「あぁ、生きてるなぁ……」

と、一瞬一瞬をただ味わうようになっていました。

自分の人生に先がないかもしれないと思ったら、今ある命の喜びをただただ感じるようになっていたのです。

あるものすべてが何もかも愛おしい。
笑い合うことも、怒ることも、喜ぶことも、悩むことも、全てが生きているからこそ味わえるかけがえのない体験のように思えました。

大人になってから初めて目的を持たずに、今この瞬間を純粋に味わえているような気がしました。こうして検査結果が出るまでの一か月は、怒涛の気づきの連続だったのです。

この世界は良いこと・悪いこと、成功・失敗、正しさ・誤りなど、二元的に捉えられることがたくさんあるかもしれないけれど、本当はわけられるようなものではないこと、私たちは自分の視点から見た解釈で良いか悪いか、損か得かのように決めているけれど、今ある生命の生き生きとした姿はそんな言葉では語れないほど普通でありながら美しい……そんなことを次から次へと感じていました。

そして、いつの間にか頭の中にいつも存在していた〝自分自身を見張る自分〟がいなくなっていました。

身体の中に誰もいない……。

状況は何一つ変わっていないのに、いつも微かに感じていた「自分がやらなければ……」「もっと良くしなければ……」というような焦りや落ち着かなさがなくなっていました。あるのは今ここに広がる空間、そしてそこにある景色や音……。

物心ついた頃からいつも持っていた、何かを求める空虚感から解放されたような感覚。何年か前の特殊な一瞥体験とは違い、とても静かで、体験ともいえないような日常でのことでした。

悩んでいた〝私〟は、ずっといなかったのです。

「私」がいるという感覚や思考がただ湧いては消えていたんです。

今まで「自分次第で、人生は良くなったり、悪くなったりする」と思っていました。

そのために仕事を頑張ったり、自分の人生をもっと良くしようと努力したり、悟りや目覚めの話を聞いたり、スピリチュアルを学んだり。そうすればいつか幸せで問題のない人生になると思っていました。

でもそれは、勘違いだったのです。

私が求めていたものは、ずっと、今ここにすでにありました。
でも勘違いをして、違う場所を探し求めているから気づけなかったのです。

もちろん人生をより良くしようと努力することや、スピリチュアルの探究が無駄であるとか、意味がないということではありません。そこには、そこの体験があります。それこそが人生の素晴らしさだと思います。ただ、私が勘違いしていたように、安心や幸せをどこかに求めてもそれは見つからないのです。

じゃあどうしたらいいんだろう……と思われるかもしれません。

そのためのお話をここからしていこうと思います。

2章 私の正体

ここ数年で世界はどんどん変化し、私たちの価値観もかなり変わってきました。スピリチュアルや精神世界についての話もだいぶオープンになりましたが、そうした流れの中で少しずつ目覚めや悟りと言われる話や、私たちの存在の本質について話されることも増えてきたように思います。

まさにこれも自然に起きてきたことと言えますが、こうした話はシンプルでありながら本来は言葉で表すことは難しいため、ある一部の人しかわからない特別なこととして捉えられることも多いのではないかと思います。

特に目覚めや悟りの話は、突然の神秘体験として語られることもあれば、徐々に理解していく中でいつの間にか腑に落ちていたといった場合、まったく何も知らなかったけれど、ある朝目が覚めたら「私」がいなかった……など、様々なエピソードとして語られます。

そのため、まるである瞬間を境に、「悟った人」になったり、「私」が消えてなくなってしまうように聞こえたりしますが、これは「私」が消えたり、「悟った私」になるということではなく、「私という存在がそもそもいなかった」ことへの気づき、「私」という錯覚から目を覚ますことなのです。

そうは言ってもその部分が一番わかりにくく、人生の中心を生きてきたこの「私」がいないなんて思えないことも当然だと思います。

そもそも、今もこうしてこの本を読んでいる私がいるのに……と感じるかもしれません。

まずこの「私がいない」ことについてお話しする前に、「私」というものが一体何なのかを見てみましょう。

普段、私たちが自分だと思っているこの「私」とは、身体、名前、思考、感情、感覚、記憶、信念……などの集合体と言えます。

生まれたばかりの頃は自分という認識もなく、自分と他人、そして世界とをわけることもなく、純粋な意識だけがありました。そこには自意識がないので自分の評価を気にしたり、自分の写真映りを気にしたりもしません。

また、過去や未来を思い悩む赤ちゃんもいないですよね。

つまり時間の概念もない純粋なエネルギーそのもの、すべての根底にある生命そのものとして存在していました。

ですが、その時には自分が純粋エネルギーそのものであることに気づくこともありません。

やがて成長するにつれて、言葉を覚え、自分の名前を認識し、自分と自分以外という分離が生まれます。

また「あなたはこういう性格だね」「これが得意だね」と親や学校の先生から言われることで、「自分の性格はこうなんだ」と思い込んだり、大人から褒められたり怒られたりすることで社会のルールや善悪を学びます。

他者との比較や競争によって、この世界で上手く生きていくためには努力や頑張りが必要なんだ……などといった価値観や信念が作られていきます。

こうして身体に名前がつき、自分という認識が生まれ、記憶や思考、信念などと結びつくことで「私」が作られていきます。でも、これは身体の特徴、性質、個性といえます。例えるなら、アニメのキャラクター説明といったところでしょうか。

アニメのキャラクターにはそれぞれに名前があり、見た目も性格も違います。陽気で活発なキャラクターもいれば、おとなしかったり、少しおっちょこちょいだったり、秀才だったりといろんな性格のキャラクターがいます。

でもそのキャラクター自身が意志を持って自由に動いているわけではありませんよね。それを動かしているのはアニメの制作者です。

私たちも同じように、それぞれの身体の中に実体のある固定された「私」が存在しているわけではないのです。

では誰がいるのでしょうか。

そして固定された実体がいないのに、どうしてこんなにも「私」がいるように感じられるのでしょうか。

私は身体ではない？

「私」と身体の結びつきはとても強く感じられます。

「私とはこの身体である」

これは当たり前のことのように思えます。そもそも疑うことの方が圧倒的に少ないのではないでしょうか。

机の角に自分の足をぶつければ痛いのは自分だけ。お腹が空いているときに、隣の人がどんなにたくさん食べたとしても、自分のお腹が満たされるわけでもありません。

自転車に乗る練習をしたら乗れるようなったり、身体を鍛えることで引き締まったり、病気によって身体に痛みが出たりと、「私」と身体のつながりは否定できません。

でも、その身体の中に「私」という存在がいるのかどうかはかなり不確かです。

もしかしたら「私とはこの身体である」というのは当たり前に信じてきた一つの思い込みであって、実際に日常で体験していることは、「私とはこの身体である」といった言葉とは違い、身体の枠を超えている可能性はないでしょうか。

例えば、何かに夢中になっているときに私たちはしょっちゅう身体の存在を忘れます。

今この文章を読んでいる間、足の小指の感覚はありましたか。

ふくらはぎはありましたか。

これは少し変な質問ですが、意識をするまで身体の感覚や身体の存在はなかったのではないでしょうか。

私たちは身体を動かしているどころか、しょっちゅう身体の存在を忘れ、放置していたりします。熟睡している時は、もうほぼほったらかしですよね（笑）。

ということは、「私」がこの身体をコントロールしているわけではなさそうです。

「私とはこの身体である」というのは生きていくなかで当たり前に信じてきた考え方、一つの概念であって、実際に私たちが感じていたり、体験していることには、身体が存在していないことも多いのではないでしょうか。

また、私たちは普段「私の身体」と言ったりします。

同じように、「私の洋服、私の家、私のスマホ」などと言ったりしますが、もちろん私は洋服ではないし、私は家ではないし、私はスマホでもありませんよね。

では、「私の身体」と言った場合はどうでしょうか。

「私の洋服」と同じように、〝私は身体ではない〟ということがわかると思います。

これは私の所有物と言い換えることもできますが、ではその身体を所有している「私」という存在は一体どこにいるのでしょうか。

今この文章を読みながら、もし疑問や質問が湧いてきたなら、言葉でこれを理解しようとするのではなく、ゆっくりと自分の身体の中に「私」がいるのかどうかを探してみてください。

私が身体ではないのなら、「私」は一体どこにいるのでしょうか。

身体の中でしょうか。

頭の中でしょうか。

胸の辺りや心の中でしょうか。

これかな、あれかなと探したり、「私はどこにいるんだろう」といった言葉が浮かんできたかもしれません。

「いや、でもここにいる感じがするし、探したり、考えている〝私〟がいるよ」と思えたとしても、それは思考や感覚であり、その思考や感覚の持ち主である「私」を見つけることはできますか。

そこには「私」を探す動きがありますが、その動きの主人である「私」を見つけることはおそらくできないでしょう。

なぜならどんなに探しても、実体のある「私」という固定された存在がいるわけではないからです。

ただ「私」を探す動きが、誰のものでもなく今あります。

「私が探している」といった感覚があるかもしれませんが、その感覚にも手を加えず、何かを捉えようともせず、すべてをつかまずに放っておくと……身体の中には何がありますか。

そこには、どこまでも境界のない広がり、静けさなど、言葉で表現のできない、何もなさがあるかもしれません。

しばらくそうした何もなさや広がりにくつろいでみてください。

名前も付けられない何でもない存在として、ただ今に在る。

そこでは、身体の内側、外側といったはっきりとした境界も見つけられないかもしれません。

「私とはこの身体である」といった考えとは違い、実際の体験には、「私」は存在せず、身体という枠を超えた、境界のない広がりがあるのではないでしょうか。

これが「思考（概念）」と「実際の体験」との違いです。

もちろん、今それがわからなくても問題はありません。よくわからないというような感覚がもしあるなら、それが今あるものだからです。

個の「私」がいるのではなく、この名前のつけられない存在、存在とも言えないような何か、それが私たちの本質なのです。

これは、言葉で表すことができないため〝存在、全体、生、愛、空《くう》、これ、気づき、純粋な意識〟……など様々な言葉で表現されていますが、それらが指し示していることは同じです。

この形のない〝存在〟が、「私」を探す動きとして、思考として、感覚として、私がいるという認識として、身体として、気づきとして、悟りとして、こうした文章を読むという動きとして、今起きているのです。

今この文章を書いている私も、これを読んでいるあなたも、それぞれが個人として独立して存在しているように見えたり、感じられたりしますが、そこに「私」や「あなた」という分けられる個別の誰かが存在しているわけではなく、ひとつである全体だけがあり、まるでそれぞれが存在しているかのように今現れ、別々に意志を持って生きているかのように動いているのです。

どんな人も、物も、出来事も、何ひとつとしてこの全体から分離して存在しているものはないのです。

すべてがこの「名前も形もない全体の現れ」だからです。

人が求めているもの

全体から離れ、独立して存在しているという錯覚から、「私」には個であるという分離感があります。それが欠乏感や不足感として感じられます。

また、そういった分離感による苦しみを解消するために、常に何かを求める傾向があります。求めるものはお金や名声、所有物などの物質的な物であれ、スピリチュアルや目覚めの探求といった精神的なことなど様々です。それがどんなものであれ、分離感を埋めようとすること（全体へ戻ろうとする動き）として共通しています。

私自身、スピリチュアルな探求は車やお金が欲しいと思うことよりもちょっと高尚なもの、と思っていました。

でも実際はどちらも分離感を埋めようとする動きであり、根底にあるものは同じだと知ったときは驚きました。

ただ、この求める動きが悪いわけではありません。これもまた自然な生といういのちの動きだからです。

それでも、あまりにもこの何かを求める動きが強まるということは、欠乏感や不足感の強さの現れですから、同時に苦しみも強くなってしまいます。私たちは何かを得られたときは、一時的に満たされたような気がして幸せを感じます。でもしばらくすると、再び何かを求め始めます。なぜならこの「私」という錯覚こそが「いつも何か足りていない。満たされていない」という欠乏感、不足感そのものだからです。

物質的なものであれ、精神的なものであれ、「私」が本当に求めているのは、満たされること……つまり〝「私」という分離（苦しみ）のない世界〟というわけです。

「私」が求めていることは、「私」がいなくなること。

なんということでしょうか！

完全なパラドックスです。

「じゃあどうしたらいいの⁉」という想いが湧くかもしれません。

でも、最初から固定して存在し続けている実体のある「私」はいないのですから、「私」をなくそうとする必要はなく、「私」の正体を知ればいいのです。

もし「じゃあどうしたらいいんだろう」と思ったのなら、それが思考だと気づくことはできますか。そして、その思考を個人的に捉えずにただ気づいているとき、その思考もやがて消えていってしまうことに気がつけますか。

そのとき、「私」という確かな中心はありますか。

一見それぞれの個人が自分の意思で選択し、行動しているように見えています。

でも、すべての存在の根底にある純粋なエネルギー、愛、全体、空《くう》などと言われる言葉では表現できない何かが、まるでそれぞれが分離し、存在しているようなカタチとして、今、現れているのです。

目覚めとは、「私」をなくそうとすることではなく、「私」は身体ではないと身体を否定することでもなく、「個人という私がこの身体であり、人生の全てをコントロールしたり、選択しながら生きている」という夢から目を覚ますことなのです。

3章 誰が選択しているの？

私たちは「〇〇しよう！」「〇〇したい！」と思っていても、できることもあればできないこともありますよね。

そもそも、どうしてそれをしようと思ったのか、はっきりとした理由さえわからなかったりします。

もし自分が人生の運転席に座っているのであれば、思い通りに生きられそうなものなのに、どうもこの世はそうならないことだらけ……。

私は芸能界にいる頃、撮影のために何度もダイエットをしましたが、うまくいくときもあれば、夢の中にまで我慢していたケーキやパスタが現れるようになり、結果的にダイエットのストレスから余計に食べてしまい、撮影前に太ってしまったことがありました（笑）。

もちろん今となれば笑い話ですが、当時は悩んでいましたし、「どうして自分はこんなにも意志が弱いんだろう。みんなはちゃんとできているのに」と、しょっちゅう誰かと比較しては自分を責めるといったことを繰り返していました。

一般的にも、仕事や恋愛が思い通りにならないという悩みはよくありますし、たくさんのトレーニングをしてきたアスリートがオリンピックの本番に思うような結果を出せないこともありますよね。仕事でもお金でも人間関係でも、自分の思い通りにするための方法が、これだけ世間に溢れているのは、それだけ思い通りにいかないことが多いからだと思うのです。

そしてそんなうまくいかない自分を責めたり、後悔の念に駆られることもよくあることです。

でも、身体の中に人生をコントロールしている「個人の私がいない」と気づいたとき、必要以上に自分を責めたり後悔し続けるといったことは自然となくなるのではないでしょうか。

責める「私」も、責められる「私」も錯覚だとわかるからです。

そしてどんな出来事も、それはそうなる以外に起こりようがなかったと言えるからです。

ダイエットをしようと思うことも、誰かを好きになることも、スポーツ選手がオリンピックを目指すことも、自分の思い通りにいくことも、そうではなかったことも、私という個人がいないまま起きていることなのです。

でもこれは「私」がいないのだから何もできないだとか、もう願いを叶えられないということではないのです。また、好き放題してもいいとか、どんな状況だろうと我慢しなければいけないということを意味しているのでもありません。

個である「私」がいないことがあきらかになっても、今までと変わらずやりたいと思うことをしたり、夢を叶えるために動いたり、社会のルールを守ったり、仕事を辞めることもあるんです。

どんな思いも、考えも、行動も変わらずに起こりえるからです。

ただ、そうした思いや行動のきっかけ、始まり、原因をどんなにさかのぼって探しても見つけることができないのです。

すべてがわけられない一つの動きの中で起きていることであり、個人の「私」の意志を超えた全体の動きだからです。

ということは、すべてが自動で起きているとも言えませんか。

これにしようか、あれにしようかとどんなに悩んでも、必要なときには必要なことをする、といった行動が自然と起きてきます。

「自分がやらなければ」「こうなったのは自分の責任だ」と焦ったり、自分を責めたりしなくても、まるで流れるプールのようにすべてが勝手に動いているのです。

それがわかると、なんだかちょっと肩の力が抜けませんか。

自由意志と正解探し

それでもときどき、非二元や悟りの話では、「自由意志はあるのか、ないのか」といった議論が起こることがあります。

個人の「私」から見れば、自由意志はあるように感じられるからです。でも、全体から見れば、個人の「私」の意志さえも全体の現れと言えます。

私の話をすれば、友達から何か相談をされたら、分離した個人がいないとわかっていても「○○したらいいんじゃない？」とアドバイスをしたりします。

また、個人セッションなどで非二元の質問をされたときには「選択をしている個人はいないんです」ということをお話しするかもしれません。

何を話すのかもあらかじめ予測して決めていたとしても、実際はそのときに話すことを話し、やることをやり、やらないことはやらないということが起こります。

もし「自由意志はあるのか、ないのか」と混乱しているときは、そうした混乱を解消するよりも、ただその混乱に気づいてみてください。

目を覚ますとは、正解を見つけることではなく、その正解を見つけようとしている動きが今起きていると気づくこと。

〝個人の私がいるのか、いないのか〟、〝自由意志があるのか、ないのか〟といった疑問があったとしても、今ここに（私がいる、いないという認識にかかわらず）存在していること、今ここに在ること自体は疑いようのない事実です。それは、正解を見つける必要がないほどはっきりとしていませんか。

今ここのありのままは、思考の世界とは違って本当にシンプルです。

でもそれを分析し、言葉にすることで、わけられない一つの現れに名前がつけられ、バラバラにわけられ、複雑になってしまいます。

「自由意志があるのか、ないのか」と考えることは、謎を解き明かそうとする楽しさもありますが、今ここにある全体というシンプルな現れと、その躍動感を覆い隠してしまうのです。

共通している個人の恐れ

今こうして本を書いている私も、〝個人はいない〟と初めて聞いたときは混乱し、そんな話聞きたくない！と思いました。

どこかでこれは真実だろうと思いながらも、このメッセージを何年も避けていた時期もあります。

特に願望実現などの話に興味を持っていた頃は、まるで正反対のメッセージに聞こえ、希望がなくなったように感じて、なんだか暗い気持ちになりました。

この世界は、スピリチュアルであれ何であれ、自分の夢を叶えたり、自分の思い通りに生きていくための手段や方法で溢れています。

また、そうして夢を叶えたり、何かを手にすることが人の幸せだと語られたりします。

もちろん、成功を求めたり、願望を叶えようとすることが悪いわけではありません。

ただそのような話は、最初は希望が持て、エネルギーが湧いてくるような感覚になりますが、思い通りにいかなかったときには、あっという間に苦しみに代わってしまいます。

そして、当時の私がそうだったように、その苦しみを解消するために、また新しい方法を探しては試し、うまくいかずに落ち込んで……というループから抜け出せなくなってしまうのです。

これでは、いつもどこかに幸せや充足を探すことになり、何一つ欠けていない〝今ここ〟からずっと目を背け続けることになります。

こうした動きは、特別誰かに起きていることではなく、世界中どこででも起きていることであり、「個人の私」に共通していることなのです。

そうは言っても「個人の私」からすれば、生きることはまるで暗闇の海へオールも持たずに放り出されてしまったようなもの。自分の選択次第で、もしかしたら死んでしまうかもしれない、という不安定さや恐れがあるのも当然です。

そのためスピリチュアル、成功哲学、うまく生きていくための方法がこの世界にたくさんあることも、それを聴きたい、知りたいと思うことも必然なのかもしれません。

この全体との分離からくる恐れは、どんなに成功しているように見える人にも、幸せそうにしている人にも、同じようにあり、共通した個人の感覚と言えます。

でも本当は、海に放り出されてしまった人はどこにもいません。オールを使ってどこかへ向かう必要も、荒波に沈んでしまう人もいないのです。

ただただ、どこまでも広がる海だけがある……。

また、海と波を使ったこんな例えがあります。

「海が全体であり、寄せては返す波が個人である」と。

波がどんなにバラバラに見えても、海と波はひとつであり、別々の存在になることはありません。言葉によって分けられるだけなのです。

私たちが苦しみを感じているときは、思考が作る個人的な解釈を信じ込んだり、これは起こるべきではないとか、こうしなければいけないと起きたことに対して意味付けしたり、ジャッジをしていることが多くあります。

冷静に見てみると、思考が作るこれらの解釈やストーリーは、かなり雑な作りで、曖昧な上に、だいたいいつも同じ内容のリピート再生だったりするのですが、個人の私にとってはとてもリアルで深刻なことに思えます。

そんなときは、特別な何かは必要ありません。

少しだけ思考から離れ、今ここにあるものに意識を向けてみてください。

外から聞こえてくる音、身体（特に首から下）に感じる温かさや、呼吸によって広がる胸やお腹の動き……。

頭の中が少しずつ静かになっていくと、不安や恐れは次第に落ち着きます。

自分はいるのだろうかと確かめたり、目覚めや悟りを求める動きも緩んでいくかもしれません。

今あるものに意識を向けることによって、今ここの事実には、思考や解釈をつけたストーリーはなく、難しい言葉や複雑さもなく、とてもシンプルであることに気づけるかもしれません。

今この瞬間に見えること、聞こえること、感じられること、そのままの今ここ、それこそがまさに私たちが探している、全体、空《くう》、存在、愛、などと呼ばれているそれそのものです。

それを私たちが名前をつけてこれだ！　とつかまえることはできませんが、今目の前の形として、音として、景色として、感覚として、わけることのできない動きとして、今ここに現れています。

このつかまえることのできない何かは、私たちが眠っているときも、起きているときも、どんなときも、常にあります。

そしてこれは、すべての存在のベースであり、すべてを無条件に包み込む愛そのものなのです。

私たちはその愛そのものとして、愛の中で生きているのです。

今少しだけこの愛にくつろいでみませんか。

個人であるという緊張感や重さとは違った解放感、広がりを感じられるのではないでしょうか。

幸せになるには？

私たちは「幸せになろう、願いを叶えよう、良くしよう」と、一生懸命、今以上の何かになろうと取り組んできたと思います。

でも、それがどうもあまりうまくいっていないことはこの世界の歴史を見てもわかります。

生活はどんどん便利になり、ネットで注文をすれば、食べ物もあっという間に家に届くようになりました。

知りたいことがあれば無料で情報を集めることもできます。飛行機に乗って世界中どこへでも行くこともできます。

こんなに物が溢れ、便利な時代が今まであったでしょうか。豊かさや快適さから見れば、私たちはかなり幸せなはずです。

でも実際は、この地球上では争いが絶えず、ここ数年は精神的な苦しみを抱える方がかなり増えました。どうも幸せとは、お金や物の量があったり、状況が良ければ得られるものでもないようです。

もちろん何かを持っていることで便利になったり、精神的に安定することもあります。でも、それで完全に満たされ、もう問題なし！　とはならないことに多くの方が気が付いています。

では、どうしたら幸せになれるのでしょうか。

ここでは〝苦しみから解放され、幸せになる方法〟をお伝えしましょう。

それは……

「幸せを感じられない仕組みを知ること」です。

なんだぁと思いましたか（笑）。でもこれが結構役立つんです。

私が一瞥体験で至福を感じたとき、そこには不足感も不安も恐れもありませんでした。

何かが手に入ったわけでもなく、感動的な素晴らしい景色が広がっていたわけでもなく、いつも乗っている電車の中なのに、です。でも、思考が湧いた瞬間に至福が終わりました。

そして「私」という重さが戻ってきました。

この経験から気がついたことは、思考は悪いものではないけれど、苦しみの種だということ、そして、思考と共に「私」はやってくるということです。

私たちは苦しみを感じているとき「このままではダメだ、どうにかして自分の力でこの世界を生き抜いていかなければならない、もっと優れた誰かにならなければいけない、この先どうしよう……」などと様々なことを考えています。

思考は情報収集だけではなく、過去や未来のこと、支払いについて、国の経済や誰かのSNSの投稿に対して……と、いつもそのままの〝今〟から離れ、とにかく忙しく動き回り、問題を見つけてきます。

もちろんすべて「私」のためではあるのですが、その「私」には固定された実体がありません。

ですから、こうして問題を見つけてくる思考の動きこそが苦しみであり、思考こそが「私」になりすましているのです。

もちろんこの思考の動きさえも全体（愛）の起こりではあるのですが、この思考が不足感や不幸を感じさせる張本人でもあるのです。

いつも問題を見つけてくる思考の声に耳を傾けながら、幸せを感じるのはなかなか大変なことです。それどころか、どこに行っても何を手に入れても、思考はいろいろと言ってくるので、そのたびに不安になってしまうのも無理もありません。

まず、この頭の中の声が、ただの思考であることを見抜くこと、この思考が自分のものではないことに気づくことが大きな助けになります。

では一体誰のものか？

誰のものでもありません。

思考とは、鳥の鳴き声、突然の雨、通り過ぎるバイクの音のように、「私」のものではなく、何もしなければ現れては消えてしまう儚いものです。

でもその思考の内容を信じ込んだり、さらに意味をつけて解釈を重ね合わせたりすることで苦しみとなり、そこから不安や恐れといった感情へと繋がっていきます。

もちろん、仕事や計画を立てる上では、思考はとても役に立ちます。ただ日常を無意識に生きていると、思考の作る解釈の世界へ入ってしまい、今ここに広がる生命そのものの美しさや、存在していることの喜びを感じることができません。思考のフィルターを通した幻想の中で、いつも不足感や不安を感じながら生きることになってしまいます。

ただ、これを頭で理解しても思考は勝手に湧き、どんなに消そうと思っても消えず、何度も何度も同じことを考えては、その度に嫌な気分になってしまうこともよくわかります。

そんなときは、まずその思考を消そうとしないこと。

消そうとすればするほど思考に意識が向き、ずっとその思考を見張ってしまうからです。だから消そうとするのではなく、ただ気づくだけ。内容を分析したり、掘り下げずに、ただ思考に気づくだけです。

それで終わりです。

まるで青空に浮かぶ雲のように、思考は誰のものでもなくこの空間に現れ、そして自然と消えていきます。

しつこく残る雲も時にはあるかもしれませんが、どんな雲も形を変え続け変化し、いずれ消えてしまいます。

それでも苦しみが消えないときは「今ここにただ在ること」と「思考の世界に入り込んでしまった時」の違いを実際に感じてみてください。

今ここにある身体の感覚、あたたかさ、心臓の動き、この文字を読むこと、遠くから聞こえてくる音……。今まさに、ここで直接経験していることに何か問題はありますか。

今ここという言葉を、聞き慣れた言葉としてただ読み流すのではなく、実際に今していることに意味をつけず、ただやってみてください。

何か物事を考えているときの閉塞感や緊張感と、今ここにいることのシンプルな在り方との違いが、わかるのではないでしょうか。

思考が入り込まない今ここの現実には、複雑さはなく、とてもシンプルですが、生命がそこにそのまま存在しているという静かな躍動感や軽さがあります。

これが、「私」には見えない、いつも広がるそのままの世界です。
ここには何一つ問題も、苦しみもないのです。

再び思考が湧いたり、思考の作るストーリーと一体化して苦しくなってしまったときは「あ、また思考の世界に入り込み過ぎてたなぁ」ぐらいにただ気づいてみてください（もちろん思考の中身を分析したい時はしてもいいのですが）。

実際にやってみると、徐々に思考を信じ過ぎることがなくなったり、思考に飲み込まれることも減ってくるでしょう。思考のない状態を目指すのではなく、思考が湧くことが問題ではなくなるのです。

そして、なんだか理由はわからないけれど、最近落ち着いているなぁと感じたり、幸せになろうとしていた時には感じられなかった、何とも言えない安心感に包まれていることに気がつくかもしれません。

4章　完全な降参

YouTubeやブログでこのような話を発信したり、こうして本を書いたりしていると、私のことを〝悟った人、目覚めた人〟と見てくださったり、実際そんなふうに扱っていただくこともあります。

でも、この〝ゆいか〟という人は何かが皆さんより優れているとか、何か特別な状態に到達したということではなく、怒ったり泣いたりするまったく普通の、猫とお笑いが好きな人間です（笑）。

今も、この文章を深夜に書きながら、何か一つでも自分でやっていることがあるのだろうかと、改めて思います。

遠くで車の音が聞こえています。
その音も聞こうとして聞こえたわけではなく、ただ勝手に何の努力もなく聞こえてきました。
私は何もやっていないんです。

今日すごくおいしいパンを食べましたが、そのパンを味わおうとしなくても香ばしさや甘さを感じられ、食べた後の消化活動も私は何もやっていません。
こうして文章を書くことも、どうして言葉が出てくるのかも、この文字がどこからやってくるのかもわかりません。

本当の意味で、なぜそれが起きているのか、どうしてそうなったのか、私たちにわかることは何一つないのです。
これを認めることはとても大切であり、気づきのきっかけになることがあります。

〝自分がやっている〟という概念を手放し、〝わからない〟ことを受け入れてみてください。

自分の成功や達成してきたこと、

自分の失敗だと後悔していること、
自分が知っていると思っていること、
悟っていたり、悟っていない（と思っている）自分自身、
そういったすべてを個人的に握りしめなかったら、何が残るでしょう。

すべてを明け渡すことは、個人の「私」にとっては恐怖を感じることかもしれません。
知識や持ち物などと一体化することで存在を確立してきた「私」には、何も握りしめないということは自分の存在を手放すことと同じだからです。

もちろんこれは言葉の通り、持っているものを手放したり、身体を放棄するということではありません。自分がやってきたと思っていることや、自分の持っている知識を手放してみると、私たちの頭では理解できない何か（存在）が今ここにある、と気がつくかもしれません。

これはどんな時もあるのですが、物、知識、体験などを「自分のもの」とする個人の〝私〟からは見えないのです。
そういった意味でも、握りしめていた手を放し、謙虚さ、素直さ、今ここにオープンでいる

ことは大切だと思います。

そして逆説的ですが、手を放したはずなのに、不足感はなく、何かを手に入れることで感じていた一時的な満足感とは違った、深くてあたたかい充足感があることに気がつくかもしれません。

また、個人のエネルギーが弱まることで、「自分がやらなければ」「自分がどうにかしなければ」と思っていたときにはまるで動かなかった問題が、自然と解決したり、思いもつかないような方法で現実が動き出すかもしれません。

まったく変わらない日常が、実は幸せに溢れていたと気がつくかもしれません。

「私」にとって降参することは怖いことですが、実際はその恐れの中には安らぎがあります。

少しだけ手を放して、ただそこにある時……。

そこには何がありますか。

5章 悟りの勘違い

目覚め、解放、気づき、悟りなどといった言葉を、私は特に分類せず同じ意味で使っていますが、こうした言葉には、禅、仏教などの宗教的なイメージ、難しく厳しい修行で特別な人がなしえるもの……といった印象を持っている方も多いかもしれません。

また悟った人、覚者などといわれる人はなぜか白い服を着ていたり、半裸のおじいさん、穏やかで自然派、いつもニコニコしていて怒らない、落ち込まない人といった印象もあるかもしれません。

私はそんなイメージを持っていました。

「いつも愛に溢れていて、絶対タワーマンションには住んでいなくて、山の中に住んでいる……」と（笑）。

もう今はここまでの印象を持つ方はいないかもしれませんが、悟った人を思い描いたときに、コンビニの前で座り込んでいる女子高生や駅のホームで寝ている酔っぱらったサラリーマンをイメージする方はそんなにいないと思います。

そこなんです。

目覚めや悟りとは……今とは違った理想的な自分や、完璧で素晴らしい人間になることではありません。

特に、怒りの感情が湧くことに対して罪悪感を感じたり、そんな感情を抱くこと自体を責めてしまう方が結構いらっしゃいます。

でも目覚めたり、悟ったらもう怒らないとか、悲しくて泣いたりしない、なんてことはないんです。

有名な覚者や、キリストが怒っていたという話が残っているぐらいです。

何を見ても、何があってもロボットのように感情がなくなってしまうなんてことはありません。喜怒哀楽、どんな感情も湧きます。

どんなことも起こります。

おそらく何が起きても動じないこと、怒らないことが良いことで、感情的になることは良くないこと、といった価値観が一般的にあるので、そのような聖人のイメージが出来上がってしまったのでしょう。

目覚めや悟りとは、性格、見た目、どんな仕事をしているのか、何をしているのか、また表面的に現れている事象、条件、環境とも関係がないのです。

私は最初の一瞥体験の後、特別な至福感が悟りや目覚めであって、それを感じられない毎日のこの普通さや、感情のアップダウンがあることは「悟っていない、目覚めていない、まだ何か完璧ではない」そう思っていました。

ネガティブな考えや感情が湧いてくること自体を、どうにかしてなくそうとしていました。

そのため有名な覚者や、目覚めている人たちのようになれない自分をまだまだだと思い、「私」をなくそうとしたり、スピリチュアルの探求を続け、理想的な自分になろうとしていました。

でも二度目の気づきが起きたとき、それが勘違いであったとはっきりしたのです。

表面上に起こることや、喜怒哀楽のどんな感情にも良い悪いはなく、今それが起きているのならそれ以上でもそれ以下でもなく、今そうであるということ。

私たちは起きたことを個人的に捉え「〜が起こるべきではなかった」「〜な感情を持つ自分はまだ至らないところがあるんだ」「どうして自分の人生は〜なんだろう」などと意味をつけたり、ジャッジすることで悩んだり、苦しみを感じたりします。

そしてその苦しみから逃れたり、解消しようとするために行動したり、イメージで作られた悟りや目覚めを追い求めたりします。

「個人の私はいない」と聞いて、「私」をなくそうとしたり、それを理解するにはどうしたらいいのだろうかと探ったりします。

けれども、スピリチュアルでも、悟りでも、物質的なものでも、精神的なものでも、それがどんなものであれ、私たち人間がずっと探しているもの、求めているものは、そうした感情や事象に対して一切の条件をつけることなく、今ここに、今目の前にずっとあるのです。

それは、光景、音、味、におい、感覚、思考、感情、体験、今ここに現れているすべてとしてです。

当時の私の話で言えば、最初の一瞥体験での至福も、すぐに戻ってきた「私がいる」という認識も、その後の混乱や二度目の気づきも、そのすべてが全体という広がりの中で起こる全体の動きそのものだったのです。

つまり、全体、存在、気づき、これ、空《くう》、愛などと言われる名前もかたちもないものが、今まさに、今あるがまま、今あるとおりに現れていて、それ以外にありようがなく、そうであるものと、そうじゃないものとをわけることができないのです。

今、ご飯を食べているのなら、それが今起きていることです。

今、電車に乗っているのなら、そこから見える景色として、電車の動く揺れとして、音として、そこにあるもの全てとして、形のない存在が形として現れています。

今あなたの周りにあるものは何ですか？
今感じるものは何ですか？

目の前に広がる景色
聞こえてくる車の音
頬をなでる風
座っているイスの感覚
落ちているゴミ
寝そべる猫
温かいお風呂とその心地良さ
疲労感
楽しさ
怒り
探究心……

今体験していること、感じていることすべてが分離することのないひとつの全体である、いのちの表現です。
そのすべてが、無条件の愛の形です！

落ちているゴミ？
疲労感??

はい、そうです。
生ゴミもです！（笑）

全体とはまさに無条件の愛であり、言葉のとおり無条件に全てを含んでいますから、きれいなものや優しさだけではありません。

「こんなもの？　こんなこと？」そう思えるものですら無条件過ぎる愛の現れであり、誰かを嫌ったり、そんなもの愛せないと思ったり、考えたりすることさえも含んでいるのです。

まだ悟っていない、目覚めていないと思うのは、良いことだけを期待したり、思考の中で誰かと比較したり、イメージで作りあげた悟りや解放が自分に起こることを待っているからかもしれません。

こうした思いが、分離した個人がいるという錯覚を余計に強めてしまいます。

でも、すべてが分けられない全体という無条件の愛であるならば、私たちは一体どこへ向かい、何を求め、誰になろうとしているのでしょうか。

この無条件の愛の中で、私たちが向かうべき場所などどこにもないのだと気づいたとき、「私」の緊張は解け、分離した個人という夢から覚めるかもしれません。

自分を責めたり、自分以外の誰かのようになろうとしなくてよかったんだとホッとしたり、何かを求めようとする頑張りから解放され、目の前にずっとあった愛に胸が熱くなるかもしれません。

〝全体〟が全体に気づく瞬間です。

私たちははじめからずっと、欲しいもの、求めているもの、探しているものから離れていなかったのです。

名前も形もない何かが、今ここに形として現れているということは言葉の理解を超えていますよね。

愛（全体）があり
愛（全体）以外であったことがなく
愛（全体）だけがある。

分離した私がいるという錯覚も、その錯覚から全体性を求めることも、目覚めることも、まったくこんな話を知らないことも、すべてがわけられない愛の現れです。
目覚めが起こる、悟りが起こるということすら本当は言えないほど、ただ、今、そのままに現れては変化していく、名もない全体の動きだけがあります。

ここから分離して存在しているものは何一つありません。

目覚めや悟りとは、新たに手にするものでもなく、乗り越えなければいけない修行の先にあるものでもなく、いつか到達できる状態でもなく、今ここにもうすでにあったと気づくことなのです。

こうして全体性に気づき、個人の夢から覚めると、不思議なことに探している時には気がつかなかった、この形ある世界の美しさを思い出します。

過去や未来を思い悩むことは減り、形があるからこそ感じられる色鮮やかな世界にワクワクしたり、好奇心が湧いてくるかもしれません。

焦りや欠乏感を埋めようとするための自己探求は終わり、ただそのままの自然な個性が光り始めます。

6章 解釈のない世界

何度かお話ししてきましたが、私たちは解釈や概念で物事を捉えた時の世界と、直接体験している世界の違いがはっきりせず混同していることがあります。

そのため起きたことを個人的に解釈して悲劇のストーリーを作ったり、自分に対するたくさんの思い込みによって苦しみを感じたりします。

こうした思考のストーリーや苦しみから抜け出すために、私はときどき「首から下の身体だけを使って（思考を使わず、身体の感覚だけに意識を向けて）過ごしてみてください」とアドバイスをすることがあります。

これをすることで「思考が作る世界」と、「今ここのそのままの現実」との違いがはっきりするからです。

また、〝体験している誰か〟がいないことに気づくこともあるからです。

これは瞑想や修行とは違い、決まった呼吸法や、座り方などはないので、いつでもどこでもできます。

身支度をしているときの手の感覚、電車を待っているときの足や身体全体の感覚、料理をしているときの動作など、日常生活の中で感覚や動きに意識を向けます。

どこでも気軽にできて、簡単な遊びのようでありながら、悟りや目覚めを見つけようとし過ぎて迷走している個人のエネルギーを落ち着かせることにも役立ちます。

実際に少しやってみましょう。

身体の感覚に意識を向けながら、もし今していることがあれば、それをただしてみます。

ただ見るだけ、

ただ聞くだけ、

ただやっていることをやるだけ。

目の前のコップがあるのなら、

「コップを見ている」とか、

「このコップは〇〇で買った私のコップだな……」というような意味を通さずに、ただ見るだけです。


座っているなら、気づきや目覚めを探ろうとせず、ただ座ります。

動きを止める必要はありません。

意味をつけず、直接的な、シンプルな今をただ生きるだけ。

この、そのままの体験には、思考が作り出すストーリーや問題が入る隙がありません。


また、それを体験している〝自分〟という中心がはっきりせず、かなり不確かなものであることにも気がつくかもしれません。

それでもすぐにまた、

「私が○○をしている」
「私が○○を見ている」
といった考えが出てくるかもしれませんが、その考えをつかまずに、実際に今している体験に意識を向けてみると、自分と対象物の二つがあるのではなく、ただ体験だけがありませんか。

音が聞こえているなら音だけが、歩いているなら歩くという動きだけが、座っているなら座っている感覚だけが……。

身体があって、内臓があって、心がある、感情もある、そういったものを否定はできませんが、それは実際に今ここで直接体験していることでしょうか。
それは、起きていることに対して後からつけた言葉、思考、概念ではないでしょうか。

実際に今、体験していることの中には自分と対象物があるのではなく、ただ体験だけがあり、「これを私が見ているのかな」と考え始めるまでは、そこには私と対象物の二つをはっきりと分ける壁や境界線はないのではないでしょうか。

さらにそのまま身体に意識を向けていくと、自分の中心（と思うところ）には何もなく、そこには「私」と呼べるようなものさえないかもしれません。

自分の中心、自分の内側には、誰がいますか。

ただただ境界のない広がりがあるのではないでしょうか。

すぐにそれがわからなくても、何度かやってみるうちに何か気づくことがあるかもしれません。

どんな正解もありませんから、気楽にやってみてください。

その境界のない広がりの中で、まるで映画のシーンが次から次へと変わっていくように、思考や感情、私がいるといった認識や感覚が、自分の意志とは関係なく現れては消えていることがわかるかもしれません。

「世界があり、その中で生きている個人の私がいる」というのはそこに湧いては消える思考であって、今ここの、そのままの体験を丁寧に見てみると、どこまでが「私」であって、どこからが「私」以外であるのかを分けることができないはずです。〝個人の私〟と〝世界〟との二つがあるわけではないからです。

この、そのままの今の体験と、思考や概念の世界との違いに気づくことで、普段いかに思考が作るストーリーに振り回されてしまっているのかがわかってきます。もちろん振り回されるということも、この広がりの中に一時的に湧く泡の動きのようなものなので、その泡が湧いてこないように、いつも意識していなければならないわけではありません。言葉にするのは難しいのですが、今ここに起きていることすべてを包むこの広がりこそが、全体であり、空《くう》であり、あなただからです。

だから、苦しみを感じているときは、思考の世界から、今やってみたように今この瞬間や、身体の感覚に戻ってみてください。

そこにはどんな解釈も意味づけもない、シンプルな今があります。
思考が作る分離のある小さな世界から、あなたを自由にさせてくれるのです。

空っぽな人間

そうは言っても、「やっぱりよくわからない、一瞥体験をしてみたい」という方のためにゲームを考えてみました。その名も「空っぽ人間ゲーム」です。あまりかっこいい名前ではないですが（笑）、理解するより、実際に体験してみましょう。

メッセージを読みながらイメージをしてみてください。

今、あなたの身体の中は空っぽです。

隙間だらけ、穴だらけ、大きな穴がたくさん空いたネット（網）のようです。

そのネットがあなたの身体の形として今あるだけ。

大きな穴だらけのネットですから、音も、空気も、風も、誰かに言われた言葉さえも、そのまま身体を通り抜けていきます。

自分についての考えも、感情も、あれこれも、この空っぽの穴だらけの身体の中にしまっておくことができません。

すべてが身体を通り抜けて行くので、内側と外側をわけることもできません。

一体どこからどこまでがあなたなのでしょうか。

昨日のことや明日のこと、思い出すことはたくさんありますが、穴だらけですからそれもまたどこかへ行ってしまいます。

何一つこの身体の中に、留めておくことができません。

不足感や焦りが湧いても、またすぐにどこかへ行ってしまいます。

そして気がつけば、身体の形をした穴だらけのネットさえもなくなっていました。

目の前に広がる景色の中で、どこからどこまでが自分なのか、もうわかりません。
自分だと認識できるものが、どこにも見当たらないからです。
ただ、今、そこに広がるものだけがあります。
自分が見当たらないので、どこからどこへ移動しているのかもわかりません。
移動しているのかがわからないので距離を測ることができません。
距離を測れないので時間も計算できません。
今、この空間に広がるものだけがあります。
今、そこにあるものすべてが、あなたです。

7章 本当は知っている

人は本能的に〝自分〟という存在の不確かさを知っています。だからこそ、子供の頃から私たちは、名前、記憶、思考、所有物、肩書き、人からの評価……などと一体化することで自分という存在を確固たるものにさせてきました。

もちろん、このような動きもいのちの動きであり、否定することではありません。

ただ、個人セッションをしていると、多くの方が自分を保つことに疲れているように思うのです。

もともとないもの（個人の私）を保ち続けるために、一体化するための物を増やしたり、他者からの評価を得ようとしたり、人目を気にしながら生きるのは疲れることです。

かと言って、自分と一体化してきたものがなくなるということは、怖さや恐れも出てきます。〝私〟がなくなってしまうだけではなく、私の価値や存在している意味すらもなくなってしまうような気がするからです。

でも、怖がっているのは本当の私たちではなく、幻想の〝私〟、影のようなもの。どんなに幻想の私が恐れようと、私たちの本質である、存在（全体）そのものが消えてしまったり、価値が減ったりすることはありません。

本当は、全体の現れであるあなたの存在価値は、測れるようなものではありませんし、そもそも測ることもできないのです。

「それは頭ではわかっているけれど、それでも人と比較したり、今の自分ではダメだと落ち込んでしまいます」とおっしゃる方もいます。

では、バケツの中に水が入っていると想像してみてください。このバケツの中の水で一番価値がある水はどれでしょうか？

バケツの中の水は液体ですから比較しようがないし、選べませんよね。私たちもこのバケツの中の水と同じです。

私たちが何かを手に入れたり、失ったりしたと思っても、本当は何一つ個人のものではありません。増えても減ってもいません。

ノンデュアリティや目覚めの話は、願望実現や成功哲学のように個人の誰かが新しいノウハウを手にしたり、何かを得るということではなく、その個人とは一体何なのかを見ていくことです。

目覚めや悟りは、個人の努力や頑張りで手にすることができないので、そう聞くと、どうしていいのかわからないような気持ちになるかもしれません。でも私たちはすべてを含む存在そのものですから、ただそれを思い出していくだけなのです。

今からノーベル賞を目指したり、オリンピックに出て金メダルを取ったりするような難しいことではありません。自分だと思っているものから手を放しても残るもの、いつもずっとあるもの、それは何でしょうか。言葉のままに持っているものや身体を放棄しなさい、手放しなさいと言うことではありません。もっと身近で、私たちが何をしていても、何を思っていても今ここに在るものです。


自分の努力や意志とは関係なく、自然と聞こえてくる音として、自分の意志とは関係なく身体を動かすこととして、起こることが起こるままに起きています。

誰でもないものとしてただ全体が動いています。


私たちは誰でもありません。

身体の中に閉じ込められた分離した存在でもなく、時間の中に生きる行為者でもありません。

状況や環境で、存在価値が決まるわけでもありません。

何も欠けてもいません。

そのままで完全です。


自分の価値を証明しようとしたり、何かを手に入れようと頑張ることに疲れたのなら、少し手を離して今ここにくつろいでみてください。

自分が手を加えなくても動いている世界が、今目の前に広がっていませんか。何者でもないとき、恐れや不安はあるでしょうか。

「もっとこうしなければ、ああしなければ」と悩んでいたこと、問題に思っていたことは、誰についてのことなのでしょうか。

「自分がいる」という認識、思考や感覚が作られる前からあるもの、それが本当のあなたです。

探求したっていい、やめたっていい

悟りや目覚めの教えの中には「悟りとは、修行や学びの末に得られるもの」と語られることがあります。

反対に「悟りのためには修行はいらない、できることは何もない」と言われることもあります。これらの言葉に混乱される方も多く、私もよく質問をいただきます。

これは、どちらが正解なのでしょうか。

本当のところ、修行や探求の末に悟りが起こるかどうかは誰にもわかりません。

何の因果とも関係なくフッと真理に気づくこともあれば、修行の末に、気づきが起きたように見えることもあるからです。

そもそもどの時代も生きることそのものがすでに修行のようですから、そういった意味では、過度な修行はあまり必要がないように私は思います。

それでも、修行には修行の体験、探求には探求の体験があり、それらを通しての発見や出会いもあるのではないでしょうか。

私はスピリチュアルや願望実現についての本を読んだり、ノートに夢を書いたり、内観したり、瞑想したりと、長年探求を続けてきました。

そうした探求が、私の苦しみを根本的に解消したわけではありませんでしたが、無駄だったとも思いません。

当時の私には必要なことのように思えましたし、誰かに頼まれて自己探求を始めたわけでもなく、未知の世界に対する疑問がどこからともなく湧いてきて、いつの間にか探求の道を歩き始めていました。

こうしたスピリチュアルの探求だけではなく、人生で感じた苦しみや生きづらさも含めて、生きることすべてが、気づきを連れてきてくれたように思います。

どんな人生であろうと、個人が求めるものはこの全体へ戻ろうとする動きへと繋がっているからです。

ですから、悟りや目覚めには「修行や探究が必要じゃない」とも、「必要だ」とも言いきることができないのです。

すべてが全体の動き、「生」そのものだからです。

だから今、探求がしたいのならその想いが今起きていることです。それが無駄であるとか意味がないということではないのです。

また、もしここで私があなたに「探求や修行は必要ありません、やっても無駄です」などと言ったとしても、やめることもまたできないのではないでしょうか。

そうした探求の道を進むことさえも、個人の意思に関わらず始まることだからです。

ひとつの生命が、分離を経験し、再びひとつの生命であることを思い出していく……そんなゲームをただしているだけなのかもしれませんね。

そのゲームの中で、個人の夢から覚めるタイミングが多くの方に今起きているように見えます。

そして不思議なことに、目覚めが起きると、探求の道を歩いていた自分も、探求の道すらもはじめからなかったことがわかるのです。

長い間歩いて進んできたはずなのに、どこにも行っていなかったことに気づきます。まるでずっと家にいたような感覚。

手品の種明かしのようです。

もちろん目覚めの後も、悟りやノンデュアリティの話を聞いたり、そういった本を読むことはあるかもしれません。ただ以前のように、個人の私が目覚めや悟りを求めるような自己探究は終わるでしょう。

目覚めを求めるゲームが終わってしまうのです。

そこから新たなゲームが始まるのかどうかは……わかりません（笑）。

「目覚めるために探求が必要がない」と言われる理由は、目覚めをゴールにすることで、ネガティブな思考や感情を「出てこないようにしよう」としたり、「私（自我）をなくそう」とすることで、余計に〝私〟を強め、分離を生み出し続けてしまうことになるからです。

また、目覚め、悟りとは、〝今〟のことであり、どこかにあるものではないので、外から手に入れようと思っても手に入れられないのです。

そして一度手に入れたら、もうずっと持っていられるものでもありません。

それでも、自分の抱く思考や感情、思い込み、信念などを分析しようとすることも、ある段階までは必要かもしれません。でも十分そういった探求をしてきたのなら、そろそろ分析することをやめて、もっと気楽に、リラックスして起こるがままに委ね、今ここに広がるそのままを味わってみてください。

難しい言葉で悟りを理解することは、あくまで理解であり、悟りではないのです。

今そのままであることの気楽さにくつろぎ、そのままであることの愛を感じてみてください。

幸せそうなあの人や、悟ったと言われる誰かのようになろうとする必要はないのです。

どんな正しい教えもありません。

悟りやノンデュリティの知識も、ある程度使ったらまた手放してください。

そうした知識はすぐに正しさとなり、人を裁く物差しになってしまいます。

「悟った私」という新たなエゴが作られ、人をジャッジし、判断し始めます。

何度もお話ししているように、私たちは、探しているものから離れたことは一度もありませんし、これからも離れることはないのですから、知識を握りしめなくても大丈夫です。

「悟りには修行や探求はいらない」という言葉も、「修行や瞑想によって悟るのだ」といった言葉も、誰かが言ったからとそれをそのまま正解にしたり、ルールにせず、ただ今、探求がしたいのならやってみてください。

そして、違うと思うのならやめればいいのです。

何を選んだとしても、そこにはそこの体験があります。
そこに生命そのものがあります。
思うまま、そのままに生きてみてください。

悩むのは、未来に対して正解や結果を求めているからかもしれません。
でも本当に、人生には、正解がありません。

本当の私たちは結果も気にしていないのです。

今あることだけがあります。
どんなことも正解にせず、自分のルールにしないこと（もちろんこのメッセージも）。

そうして今を生きていると、自然と自分で自分をジャッジすることがなくなったり、自分をダメだと思って自己否定したり、漠然とした恐れや不安に飲み込まれることがなくなります。

生きること、今あなたが感じること、思うこと、やっていること、それを否定する必要も、
誰かに認めてもらう必要も、誰かと比較する必要もないのです。

すべてがかけがえのない今の経験です。
そこに気づきがあります。

そしてふと、言葉を超えた理解が起こります。
生きることそのものが「悟り」だったんだ……と。

8章 ノンデュアリティにまつわるQ＆A

ここからは、よくいただく質問にお答えします。

Q

正直、ノンデュアリティにも興味はありますが、先のことを考えると不安になってしまいます。本音はもう嫌なことが起きて欲しくない！　これだけなのですが、どうしたらいいですか。

A

これは多くの方の本音かもしれません。

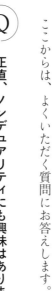

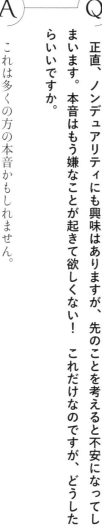

実際は、どんなことが起きているように見えたとしても、自分の人生をコントロールしている〝私〟がいないので、どうなるのかは誰にもわからないんです。だからこそ先のことを考えると、不安になってしまいますよね。

でも、一日の中で常に〝先のこと〟について考えているわけではないと思うのです。例えばトイレに行くとき、人と話をして笑っているとき、買い物中や何かに夢中になっているときはどうでしょうか。

不安になるようなことはすっかり忘れていませんか？

私たちは、常に不安を持っているわけではなく、何かの拍子に不快な感情や感覚が現れたり消えたりしています（そこに後ろから不安や恐れといった名前を付けています）。ではどんなときに現れるのかというと……やはり先のことについて考えたときにむくむくと現れます。

「この先どうなるのだろう。どうしたらいいんだろう」と考えることは、予測を立てられ、それに対して準備ができるので役に立つことももちろんありますし、生きていくためには必要不可欠なことに思えます。

しかしコインの表裏のように、先のことを考えれば不安も一緒にやってきます。

不安の大きさはその時々で違いますし、考えること自体が悪いわけではありません。ただ、〝先のことを考えたら不安はついてくるもの〟と知っていれば、必要以上に不安に飲み込れることがなくなります。

〝考えて不安になり、その不安を解消するためにさらに考えて混乱する〟といったループからも抜け出せるかもしれません。

そしてもう一つ言えることは、あなたが先のことを考えて不安になっているときも、あなたは未来ではなく、今ここに存在しているということ。

本当に、今だけがあるのです。

意識を今に戻してみてください。

今ここにいることと、思考が作る物語との違いを感じられますか。思考はいつも想像上の問題を作り上げますが、それはイメージです、夢です。

今存在しているのは、思考が作る「未来や過去についての想像上の話」ではなく、このシンプルな今だけです。

不安や苦しみは遠ざけようとしたり、なくそうとするとさらなる苦しみになりますが、〝今にある〟ことでそうした不安や苦しみが、思考の物語によるものだということに気づくことができるかもしれません。

Q

ゆいかさんは目覚めてから、何か生活面や考え方は変わりましたか？

A

個人的に誰かが目覚めるわけではないのですが、家族からは「前はもっとクヨクヨしていた」「すごく変わった」と言われるので、一緒にいる人から見るとそういう変化はあるのかもしれません。

確かに、無理に「前向きな思考でいよう」と頑張ったり、不足感や焦りから「自分を変えなければいけない」と思うことはなくなったと思います。

おそらく、昔の私は「今の自分のままではいけない」と、漠然とした不安や焦りを感じることが多く、起きたことに対して深刻に捉えていました。でもそう思うことがなくなり、〝自分を見張ったり、ジャッジしていた自分〟がいなくなりました。

それでも、怒ったり、嫌な気持ちになることもあります。本当にそこはみなさんと同じだと思います。「夫婦喧嘩がなくなりました」と書いた矢先に夫と喧嘩もしました（笑）。でも、やっぱり生きることが楽になったなぁと思います。

ただ、もしこれを読んで「自分にはまだ不安があるから違うんだ」とか、「悩んでいるから私は目覚めていないんだ……」と思ったとしたら、それが実体のない〝私〟が登場してきた瞬間です。

〝私〟とは、こうして物事を個人的に捉え、「自分には何かが足りないのではないか」「変える必要があるのではないか」と考え、想像上の問題を作り出していくからです。

これが思考（私）です。

これが〝分離した私〟である思考の動きそのものです。

こうした思考に気づくことが、目を覚ましていくことです。

Q

どうやったらエゴをなくせるでしょうか？

A

エゴも実体はなく、〝幻想の私〟を守ろうとするために一時的に強まった自己中心的な動きとも言えるので、それ自体が良い悪いということではありません。

また、どんなに悟ったと言われる人でもエゴが出てこないわけではありません。

目覚めとは、エゴをなくすためのゴールでもなければ、もう一生エゴが出てこないという保証でもないからです。

晴れの日もあれば雨の日もあり、月の満ち欠けがあり、目覚めと混乱があり、全体性と個人性があります。そのどちらもが分けられないひとつの動きです。個人の私たちは片方だけを求めようとしますが、本当の私たちである「存在」はその両方を含みます。

ただ、エゴが強くなっているということは、分離感が強まっているということでもあるため苦しみの感情も強まっているはずです。

まずはその感情に気づき、そこにジャッジや解釈をつけずに（身体の感覚の方を）ただ感じてみてください。ストーリーを作らず、ただ感じるだけです。そうすると次第にエゴは静まり、感情も落ち着いてくると思います。

また、エゴをなくそうとするよりも、どんなときにエゴが出てくるのか、どんなものに自分が執着しているのかを見てみてください。

エゴが出てくる時は、自分を否定されたと思った時や、自分という存在が傷ついたと感じたり、自分に価値がないと思っている時ではないでしょうか。

でもその〝自分〟がいないのなら、一体誰が否定され、誰が傷つき、誰の価値がなくなるのでしょう。

今ここにある「生」、つまり、今生きていること、存在していることは、誰かに認めてもらう必要がないほど完全な愛の現れです。

Q **どうしたら悟れますか？　目覚めることができますか？**

A そのためには……悟りや目覚めに対するイメージをいったん捨ててください。

そして、「考えるな、感じろ」です（笑）。

いやいや、ここまでいろいろと書いてあるのに、最後はこれ？　と思われるかもしれませんが、やっぱりこれに尽きるのです。

もちろん、ある段階までは自己探求や知識は必要だと思います。

でも今この本を読んでいる方の中には、長年探求を続けていたり、知識をたくさん持っている方も多いのではないかと思います。

そういった方にこそ一度知識を忘れ、分析したりせずに、今をただそのままに過ごしてみてくださいとお伝えしたいです。

私も悟りや目覚めについての本や話を聞き、そうしたメッセージを伝える覚者や悟ったと言われる人をイメージし、今とは違う自分になれるのではないかと思っていたのですが、二度目の気づきの後、それが全くの誤解であったとわかりました。

悟りとは、そういった悟りのイメージを正解にしたり、誰かのようになろうとしたり、今の自分をダメだと思ったり、悟りや目覚めが今以外のどこかにあると思うことから目を覚ますことです。

事実は、本当にシンプルです。

今あるまま、そのままがあり、何かを理解しなくても本当は何も問題はないのです。

悟りを求めるのは、悟ったり目覚めが起きたら、理想の自分になれたり、状況を思い通りにできたり、問題が解決されるといったイメージがあるからかもしれません。

でも、悟りを知らなくても軽やかに楽しく生きている人はたくさんいます。

そしておそらくほとんどの方が「悟りたいのか、それとも楽しく軽やかに生きたいのか」と聞かれたら、後者だと思うのです。

そうであるなら、ただ、今、そのままを、最初で最後の日であるかのように、五感を使って過ごしてみてください。

起きていることに意味をつけずに、ただそのままに……。

悟りや目覚めとは、修行や理解の先にあるのではなく、今を生きること。この生そのものです。それはいつも「そっちじゃなくてここだよ、いつもここにいるよ」と私たちに教えてくれています。

Q **現実は幻想だと聞きましたが、どういうことなのでしょうか。**

A 「幻想だ」というのは、今見えている世界が実はバーチャルな世界だとか、誰かが作った仮想現実の中に私たちが生きているだとか、そういった意味ではありません。

現実は現実です。ただ、個である「私」が思っているような現実は幻想と言えます。

また、現実は、現れては消え、消えては現れ、つかむことができません。気がついた瞬間にはすぐに過去になってしまいます。

さらに、夜熟睡している時、〝あなた〟も〝あなたの世界〟も消えてしまいます。

現実とは、一体どこにあるのでしょうか。


起きたと思った瞬間にはもう過去となり、記憶となり、本当にあったかどうかさえわからず、現れては消えてしまう、実体のない煙のようなもの。


こうした悟りや目覚めの話の中で、よく例えられる映画とスクリーンの話がわかりやすいかもしれません。

今ここに広がる現実は、まさにスクリーンに映し出された映像の方であって、私たちはその映像を映しているスクリーンの方だという例えです。

ハリウッド映画のようにアクションだったり過激な映像もあれば、穏やかな日常を描いたものやアニメまで、さまざまな映像がスクリーンには映し出されますが、スクリーン自体は映像とは関係なく何があってもそのままそこにあります。
映像に夢中になり、そこにスクリーンがあることを忘れてしまうことはありますが、上映中も映画が終わったあとも、スクリーンがなくなることはありません。
現実は現れては消えていきますが、現実に全く影響されずにいつもあるもの、それが私たちの本質です。

Q

「私はいない」と聞いたあと、スピーカーさんが〝私〟の話をすることに戸惑いを感じます。私はいないと言っていたのにどういうことだろう?と、疑問に感じてしまいます。

A

〝全体の話〟をしているのか、〝表面上の個の私〟の話をしているのかがわかりにくいことがあるかもしれません。実はこれ、私も昔疑問に感じていたことなのですが、「私がいない」というのは、この身体の中にそれを動かしている〝独立した実体のある個人〟、つまり〝行為者がいるわけではない〟ということなんです。

かと言って、私と誰かとの区別がつかなくなってしまうとか、私という認識がなくなるとか、人の気持ちや身体の痛みが分からなくなる、というような感情も感覚もないロボットのような人間になってしまうわけではありません。

表面的には、今まで通り「私」という登場人物の人生は続きます。そこが混乱されやすいところだと思います。


また、悟りやノンデュアリティの話を聞いたあと、他の人が悟っているのかどうか、悟ったと言われるその人には本当に〝私〟がいないのだろうかと気になったり、日常で会話をするときにも「私が～」と話すことに戸惑ってしまったり、「これは私がいるということなのかな」と、ぐるぐると考えてしまうような時期が多くの方に起こります。


でも、それもやがて落ち着きます。

気づきの後も変わらずに日常は続き、映画の役をそのまま演じるように表面上の私として過ごします。もう「私がいるのか、いないのか」を意識したり、気にすることもなくなり、ただそのままに過ごすでしょう。

逆説的ですが、全体へと目覚めた後の方が、よりその人がその人らしくなるかもしれません。

Q

A

ノンデュアリティは救いのない話だと聞きました。そうなのですか？

救いのない話と言われたら、がっかりしてしまいますよね。

でも、「救いのない」というのもまたひとつのレッテル、意味づけなのです。

また、「私がいない」という内容から、私の夢が叶うといった願望実現の話とは違うので、救いがないと思われる方もいるかもしれません。でも、これは「救われたり救われなかったりする個人はどこにいるのだろう」という問いかけでもあるんです。

身体の中に「私」という分離した存在がいないのなら、今ここには何があるのでしょうか。悩みや問題はすべて「私」に関わることです。でもその「私」が錯覚だとしたら、その悩みや問題はどうなるのでしょうか。

あるがままの今に、過去の記憶を重ねて意味をつけたり、未来への不安から想像上の問題を作り出してしまうとき苦しみが生まれます。

でも、思考が作る物語のない、シンプルなそのままの今は、救われる必要どころか問題さえ消えてしまいます。

Q 今ここの〝今〟ってどういう意味ですか？

A

あなたは今何をしていますか？

今何が見えますが？

今何が聞こえますか？

今何か見えたのならそれが今です。
今何か感じたのならそれが今です。

今音が聞こえたのならそれが今です。

私たちは時間を過去、現在、未来として捉えていますが、それは概念であり、本当に私たちが存在しているのは今だけです。

この文章を読んでいるのは、過去でも未来でもなく、まぎれもなく今ですよね。過去のことも、未来のことも、今この瞬間にそれについて考えています。だから本当は「今にいよう」「今にあろう」なんて思う必要もないほど、私たちは今にしかいられないのです。

私たちは、その今にいながら思考の作る概念の世界や、過去や未来というここにはない記憶やイメージの世界に入り込み、それを現実と混同してしまいます。

そういった意味で、「思考や概念を通さないそのままの今この瞬間」を、〝今ここ〟と言っています。

Q 世界や日本で、今も争いや事件が起きているのはなぜですか？

A

起こることの理由や、原因を私たちが本当の意味で知ることはできません。

「なぜだろう」とどんなに考えても、それは起きたことに対する推測と解釈にすぎず、それが起こる原因を私たちが本当の意味で突き止めることはできないからです。

そして本当の私たちである全体とは、平和や優しさだけではなく争いも事件も含みます。

それは全てを受け入れる無条件の愛。本当の意味では誰も傷ついたりしていないことを知っているのです。

だからと言って争いの原因を突き止める必要がないとか、戦争に対して何もする必要がないということでもありません。解決を望んだり、傷つき、悲しみを持った人に寄り添うことも自然な愛（生命）の動きです。

「個人はいない」「全体だけがある」と目覚めたら、人に対して無関心になってしまうということではなく、人のために何かしたい、喜びを誰かと分かち合いたいと思ったり、地球の環境保護のためにできることをやってみようと思ったり、自分や家族のための時間を作りたいと思うこともあるかもしれません。どんな思いや行動も自然と湧きますが、自分中心のエゴ的な考えや行動は減るからです。

全体は争いさえも無条件に含みますが、個人の夢から覚めたあと、わざわざ誰かと争ったり、攻撃しようと思うことはなくなっていくのではないでしょうか。

Q

自分を責めたり、罪悪感を感じてしまいます。どうすればラクになれますか?

A

本当は必要以上に自分を否定したり、責めたり、罪悪感を感じたりする必要はないんです。

個人の選択や判断によって、自分を責めたり、罪悪感を感じるようなことが起きたとしても、それがあなた個人だけの責任で起きたわけではないからです。

事実は、「起きたことはそのようにしか起こりえなかった」と言えます（もちろんこの言葉を言い訳に使うのはエゴなのですが……）。

この大きな全体の動きとは、すべてをゆるし、すべてを受け入れているまさに愛の動きそのものです。ただあまりにも無条件すぎるため、私たちにはとても愛だなんて思えないこともあるかもしれません。

それでも、生きづらさや苦しみが、何気ない日々への感謝や平凡と言われる日常の奇跡に気づくきっかけとなったり、喪失や絶望と思えるような出来事から生きる喜びを知ったという話はたくさんあります。

何をもって良いか悪いか、失敗か成功かと一部分だけを切り取って判断することは私たちにはできないんです。

もし自分を責めたり罪悪感を感じることがくり返されるなら、そうした想いを消そうとするより、そこから意識を今に戻してみてください。

思考は物語を作り、その中に留まり続け悲劇の主人公になろうとするからです。

どんなことがあったとしても、私たちの本質が傷ついたり消えたりすることはありません。本当のあなたは、あなたが何を思っても、何をしてもあなたを受け入れています。

Q **どうすればお金持ちになれますか。**

A そうですね、私もなれたらいいんですが……（笑）。お金持ちになるためのノウハウはたくさんあるので、ここでは違った角度からお話しします。

生きていくにはお金が必要ですし、お金によって選択の幅が広がったりしますから、お金はとても便利なものですよね。

でもお金自体には本来特別な意味はなく、お金があるから幸せが保証されるというものでもありません。もちろんお金を持つことやお金儲けをすることが悪いわけではありませんし、お金をもらうことに罪悪感を感じる方もいますが（私がそうでした）、それもまた思い込みです。

ただお金は、〝個人〟がいつも持っている「何かが足りない」「何か満たされない」という欠乏感や恐れを根本的に解消してくれるわけではないので、それを忘れてしまうと、お金に特別な意味をつけ、満たされなさを埋めようと必要以上にお金に執着したりお金に振り回されてしまうことがあります。

お金持ちになりたいと思うのは、やりたいことがあったり、具体的に叶えたいことがあるからでしょうか。それとも何となく安心したいからでしょうか。

個人の私が幻想であると気づくことによって、お金と結びついていた不安や欠乏感は減るかもしれません。また、直接お金が入らなくても、今まで見えていなかった幸せや豊かさに気がつくかもしれません。

目覚めやノンデュアリティの話は、お金を手に入れる方法論ではないので、お金持ちになれるかどうかはわかりませんが、個人の緊張がゆるむと、欠乏感や不足感は小さくなりますし、必要なものは必要なときにやってきて、案外なんとかなるものです。

Q A

幽霊やハイヤーセルフっているのでしょうか？

私たちと同じように、どんなものも実体はありませんが、〝その時〟に感じたり、見えたりしたのなら、感じたものがあり、見えたものがあったのだと思います。

そうした何かに、幽霊やハイヤーセルフといった名前がつくことによって、特別な何かとして捉えられたりしますが、これも私たち人間と同じ、その時の一時的な現れ。


とは言うものの、私も目の前にＵＦＯが現れ、話しかけられたようなことがあったり、不思議な体験を何度かしたことがあります。

初めてバチカンに行った時のことですが、煌《きら》びやかな装飾や彫刻を見ながら歩いていると、突然怒りのような悲しみのような感情が湧いてきてびっくりしたことがあります。

理由もわからず湧いた感情にどうしていいかわからなくなり、必死に抑えましたが、明らかに日常で感じるような感情ではありませんでした。

これが霊的なものなのか、何かを感じ取ったのか、それとも脳科学的な何かなのかはわかりませんでしたが、外に出た瞬間にスッとその感情も消えていきました。

全体の表現は、どんなものとしても起こり得ます。まさにこの世は未知の世界。生命の神秘。おもしろいですよね。こういう話は私も大好きです（笑）。

ただそこに特別な意味をつけるのはほどほどに……。思考の作る想像上の世界には不安や恐れがセットですから。

Q

そのままでいいってどういうことですか？　苦しみのある状況でもいいってことでしょうか。

A

そのままでいいと言われると、「今の状況のままで我慢しなければいけないの？」と感じられたりしますよね。

でもこれは、今の自分で手を打ちなさいとか、現状のままで我慢しなさいということではありません。

そうではなく、今思うこと、感じることを変えようとしたり、変えないようにする必要がなく、そのままであるという自由です。

喜怒哀楽、優しさも怒りもすべて今そこにあるなら、ある。でもそれを、あってはいけないことのように否定するから苦しくなります。

かと言って不安だったり、怒りを感じていたり、つらいときに「そのままで完璧だ。苦しみがあってもいいんだ。これしかない。これがすべてだ」というような言葉を使って感情を抑え込もうとしたり、それを信じようとすることではないのです。

自分を見張り、もっとできる自分や、もっと良い自分、もっと優しく愛に溢れた自分になろうとする必要がなく、今という瞬間を生きられる、そんなお話なのです。

苦しみを感じているときは、起きたことに個人的な意味をつけていないかを見てみてください。

「思考の作る世界」と、「今、ただここに存在していること」との違いを感じてみてください。

きっと、そのままでいいの意味が体感としてわかるのではないかと思います。

Q
体調が悪く、身体が自分ではないと思えません。

A
身体に痛みがあるとき、ノンデュアリティのメッセージが理解できないということはとてもよくわかります。

無理に「身体が自分ではない」「私はいない」などと思う必要はありません。

身体の痛みや病気の裏には、自分を抑えてきた悲しみや怒りが隠されていることもあります。今は、起こるがままに、どんな感情を抱いても、どんなことを考えてもいい、と自分を自由にさせてあげることはできますか。

「どうしてこうなったのだろう」とか、「この先どうなってしまうのだろう」といった思考は湧くかもしれませんが、出てくる思考や感情にジャッジをせずに、ダメな自分も、悪い自分も、どんな自分もそのままにしてあげてみてください。

私は、退院してからの数ヶ月間、友達にも会わず、仕事もせず、引きこもって過ごした時期がありました。すべての抵抗をやめ、良い人であろうとすることもやめました。

人間関係を続けていく気力もなかったからです。

ただただ泣きたい時に泣き、感情もあふれるままに怒ったり、わめいたりもしました。ベッドから起き上がれなくて、一日中寝て過ごした日もあります。

そのときはノンデュアリティのメッセージはまったく理解できませんでしたし、する気になれませんでした。ひたすら感情が出てくるままに過ごしました。それしかできなかったんです。

そうして数ヶ月間過ごしていくうちに、徐々に気力が湧き、少しずつ動けるようになっていきました。

身体の不調や痛みの理由を探したり、先のことを考えると不安や苦しみは大きくなってしまいます。

でも、どんな状況も変わらずに固定されることはありません。今ある痛みや苦しみも必ず変化していくことを知ってください。

ノンデュアリティのメッセージは理解しなくていいのです。

理解や知識が湧いては消える広がり、常に変わらずいつもあるもの、歳をとったり、病気になったり、いなくなったり、死んでしまうことがない永遠のすべて、それが本当の私たちです。

今は考えすぎず、あるがままに緩んでみてください。

無理に感情を抑えようとしたり、メッセージを理解しようと頑張るのではなく、そうした頑張りを手放し、私たちの本質である全体へ委ね、なるべく緩んでみてください。

体調の悪さや病気は、努力や頑張りでは得られない、大きな気づきをもたらしてくれると思います。

9章 自由

こうして悟りや目覚めについて興味を持ち、探求が始まり、個人がいるという錯覚から目覚めたあと、人はどうなるのでしょうか。

はたから見ればあなたは今まで通り、それまでやっていたことをそのまますするかもしれません。

まったく違うことを始めるかもしれません。

個人はいないと気づいても、誰かを想う気持ちが湧いたり、時にはイライラしたり、怒ったり、人を助けたり、何かをやってみようと思ったり、笑ったり、泣いたり、喜怒哀楽すべてをそのままに感じ、朝起きると同時に自分の人生が始まり、ご飯を食べ、楽しいことも、なんとなく気分がのらないこともあったりします。そして夜、眠りにつくと同時に、すべてが消えます。

あれ？　それって今までと何も変わらないのでは？

そうなんです。

とても長い旅をしてやっとたどり着いたその場所は、最初の出発地点。
もともとあなたがいた場所です。

まるで昔話や童話の中で読んだことのあるお話みたいですよね。
もしかしたら、そうした物語はこれを伝えていたのかもしれません。

いつの間にか「私」としての人生が始まり、楽しいこと、苦しいこと、嬉しいこと、どうしていいかわからなくなるようなことがあり、そこからスピリチュアルや非二元などを知り、探求を続けて、そしてたどり着いたところが、もともといた場所だなんて……。

でも、何かが違うんです。

探求を始める前に感じていた、あの不安やモヤモヤはなく楽なのです。

何が楽かと聞かれても、それ以上はっきりとした理由も原因もわからないかもしれません。

ただ、そのままで生きている、そんな感覚です。

そのままと言っても、誰かに会うときにも、まるで家にいる時のような自分で振る舞う……ということではありません。そのときに必要な行動を取ったり、人間関係の中でその場に応じたやり取りもします。

緊張したり、嫌な気分になることもあると思います。でも、それもまた過ぎ去ることを知っているから、必要以上に問題視することもありません。

「良い気分でいなければいけない」と思ったり、「自分の思考をポジティブにしよう」と努力したり、「なぜ自分はダメなんだろう」と見張り番を作って自分を責めたり、ジャッジすることがなくなります。

かと言って、冷たく感情のない人間になってしまうわけでもありません。

今まで以上に愛情深くなったり、感情豊かになったり、この世界の「私」のドラマをより楽しむかもしれません。


急にお金持ちになったり、若返ったり、嫌いな人がいなくなったり……ということは起きないかもしれないけれど（笑）、深刻になることが減って、なんだか幸せだな、なんて気持ちになっていることに気づいたり。

物や状況によって幸せを感じているというより、今ここにいることが喜びになります。喜びという言葉よりも、もっとくだけた表現の方が近いかもしれません。


「なんか、楽しい」

「なんか、ラク」

「これもありかな」


こんな感じかもしれません。

そして「私はいない、これしかない、時間はない」といったノンデュアリティや目覚めの言葉からも解放されます。

「私」という分離の夢から覚め、全体であることを知り、そしてまたカタチとしての分離も楽しみます。

悟りや目覚めで話される、全体性だけを重要視することもなく、分離であるカタチだけにこだわるのでもなく、その両方を知りながら、今ここの、この生をそのまま生きます。

「私がいない」とわかっても、「私」としても生きます。

そのときそのときの、自然な起こりのまま、ただそのままに。

長い間どこかにあると思って探していたものは、ずっとそばにあったのです。

あなたから離れたこともなく、いつも今ここに。

でも、これは旅をしなければわからなかったことです。

そしてこの旅がしたくて、わざわざ分離という夢を作ったのかもしれません。

個人がいるという錯覚を見抜いていても、いなくても、あなたがここに存在し、笑ったり、悩んだり、混乱したり、気づいたり、その人生がそのまま、すべて全体である私たちそのものの表現です。

だから大丈夫。

自由に、安心して、そのままのあなたで思いっきり今ここに広がる世界を体験してみてください。

あなたが、この大きな愛である全体から離れてしまうことはないのですから。

おわりに

最後までお読みいただき、ありがとうございました。

私が初めてスピリチュアルを知ってから約二〇年、そこからまさかこうして気づきや目覚めについて、ましてや一度は大嫌いになって封印したノンデュアリティについてお話しすることになるなんて思ってもいませんでした。

なるべくわかりやすく書こうと思ったものの、言葉にできないことを文章にすることに結構苦戦しました。

途中、全く言葉が浮かばなくなって、本当に頭から煙が出ているんじゃないかと思うほど。そのせいか、ちょっと真面目に書きすぎたかもしれません（笑）

でも最後にもうひとつだけ、と言っても繰り返しになってしまうかもしれませんが、私が一番お話ししたいことがあります。

それは……このごく普通の日常の中にある可笑しさと美しさについてです。

一瞥体験の話をすると、どうしてもその神秘的な体験の方ばかりが目立ってしまいますが、何気ない日常こそが奇跡で、神秘で、しょうもなくて、愛おしい。まさにこの世は「愛ある喜劇」、無条件すぎる愛でできたコントみたいです。だから深刻になる必要って本当にない。時と場合によっては「不謹慎」なんて言われてしまうかもしれないけれど、もっと気楽に笑って生きていいんです。

だって、笑っているときって苦しみはないでしょ? 「笑う」って受容なんです。自と他の壁がなくなって、ひとつになっているから、笑っている時は苦しめないんです。

だから深刻にならず、安心して、あなたの人生をあなたの思うままに、自由に生きてほしいのです。「そう言われても……」と思われることももちろんわかります。

生きていく中では、楽しいこともあれば、悲しみや苦しみを感じることもあったりしますから。ですが、どんな瞬間も私たちはこの愛に包まれています。

愛という言葉がピンとこなければ、優しさ、ゆるし、安心、なんて言葉でもいいかもしれません。

ここから私たちが見放されたり、突き放されたりすることは決してありません。

人間関係に悩んだり、別れや喪失から孤独を感じたりすることがあったとしても、本当の意味で離れ離れになることもないんです。

そしてこの愛は、私たちが気づいていても、気づかずにいても、笑っている時も、泣いている時も、怒っている時も、イライラしている時も、夜眠っている時も、私たちを見捨てることなく、ジャッジすることなく、無条件に私たちを受け入れています。

普通では考えられないことですよね。

無条件に全てを受け入れるなんて。

でもこの全てを包む愛という広がりが、私たちの本当の姿。

その中で、「私」という体験が今あります。

「すべては起きているだけ、私はいない、これは幻想だ」といった言葉や知識を握りしめず、今、目の前にあること、当たり前と言われる日常を、子供の頃のように見て、聞いて体験してみてください。

その今にこそ、私たちが求めているものがあるからです。

幸せを感じることは、本当は何も難しいことではありません。

それでも何か苦しくなったり、混乱したときは、この本をまたパラパラと読み返してみてください。

その時にはその時の気づきがきっとあると思います。

そしていつの間にか、なんだか最近楽だな、悩みがなくなったな……なんて思うかもしれません。だから、そんなに深刻にならなくても大丈夫。

気楽に、あなたの思うままに、流れのままに。

この本が、少しでもみなさんの人生のお役に立てたら嬉しいです。

最後になりましたが、こうした気づきは今まで出会った方々のおかげです、本当に感謝しています。また、この本の出版に携わってくださった皆さん、本当にありがとうございました。

今を生きる全ての人に、出会ってくれた皆さんとのご縁に、心からの感謝を込めて。

ゆいか

著 者 プ ロ フ ィ ー ル

ゆいか

神奈川県出身。学習院大学卒業後、芸能界に入り、タレント活動を開始。憧れていた仕事に就くという夢は叶ったものの、病気が重なり31歳の頃に引退。もともとスピリチュアルや精神世界に興味はあったが、ある日突然電車の中で"私がいない"という一瞥体験をする。それは長くは続かず、再び悩みの中へ。その後、子供を早産で亡くし、人生に対する価値観、生きることについての考え方が大きく変わる。数年後、2度目の目覚めの体験が起こり、長年の苦しみが消える。現在は、こうした体験による気づきをベースに、ノンデュアリティや生きることが楽になる話をYouTubeチャンネル「ご機嫌倶楽部」やブログで発信中。セッションやお話会なども開催している。
猫とお笑いが好き。猫は人生の師匠です。

ブログやYouTubeなどの各種リンク
https://linktr.ee/yuika_a

なんか楽しいノンデュアリティ

●

2024年1月23日　初版発行

著者／ゆいか

装幀・本文デザイン・DTP／鈴木 学
編集／西島 恵

発行者／今井博揮
発行所／株式会社 ナチュラルスピリット
〒101-0051 東京都千代田区神田神保町3-2 高橋ビル2階
TEL 03-6450-5938　FAX 03-6450-5978
info@naturalspirit.co.jp
https://www.naturalspirit.co.jp/

印刷所／モリモト印刷株式会社

ISBN978-4-86451-461-3 C0010